CINQ ACTES

EN

DIX MINUTES

PARIS. — TYP. MORRIS ET COMPAGNIE

64, rue Amelot.

CINQ ACTES

EN

DIX MINUTES

MONOLOGUE-PARODIE EN UN ACTE

PAROLES

D'UN INCONNU

MUSIQUE

DU JEUNE TRÉMOLO

Représenté pour la première fois à Paris, le 23 janvier 1862.

PARIS

A LA LIBRAIRIE THÉATRALE

14, RUE DE GRAMMONT

LA MUSIQUE DE CET OUVRAGE EST EN VENTE

Chez E. GÉRARD et Cie (ancienne Maison Meissonnier)

18, RUE DAUPHINE

EDITEURS-PROPRIÉTAIRES POUR TOUS PAYS

PERSONNAGE :

LANGLUMÉ, auteur incompris. **M. TACOVA**, des Bouffes-
Parisiens.

CINQ ACTES EN DIX MINUTES

Monologue-Parodie en un acte

1er Acte, **Couvert**. — 2e Acte, **Découvert**. — 3e Acte, **Rapt**. —
4e Acte, **Médaille et cicatrice**. — 5e Acte, **Châtiment**.

-o-o-o-o-o-o-o-o-o-o-o-o-o-o-o-o-o-o-o-o-o-o-o-o-o-o-o-o-o-o-o-o-o-o-o-o-o-o-o-o-o-o-o-o-

STANISLAS LANGLUMÉ, *à la cantonade*.

Et je vous dis, moi, que vous m'en rendrez raison, pas
demain, sur-le-champ... (*Il entre en scène.*) Et tenez, tenez.
tenez, voilà du monde... Nous allons faire juger la ques-
tion... Messieurs et Mesdames... Oh! ne vous effrayez pas,
je ne veux manger personne, je vais en peu de mots vous
expliquer pourquoi je suis à ce point agité. Je m'appelle
Stanislas Langlumé : vous ne me connaissez pas, je le parie?...
Eh bien je vais me faire connaître ; je suis la terreur des directeurs. Depuis dix ans je sollicite vainement l'honneur,
l'insigne faveur de faire représenter un drame que j'ai com-

posé, et depuis dix ans on me refuse impitoyablement dans tous les théâtres mon mélodrame : *la Fille du Scélérat*... Le directeur de céans vient à son tour de me rendre le manuscrit de mon chef-d'œuvre. Pourquoi, je vous le demande? mais il vaut bien tous ceux que l'on vous exhibe ici chaque soir... que dis-je? il vaut mieux... Vous allez en juger... Je vais vous raconter la pièce... Vous allez voir comme c'est écrit... et comme c'est neuf... Comment, monsieur, les entrées, les sorties... oh! soyez calme, tout y est... Mon ami Trémolo, un musicien plein d'avenir, a brodé sur les situations les plus émouvantes quelques mélodies dont vous me direz de bonnes nouvelles, mélodies que monsieur voudra bien exécuter pen-dant que je narrerai... (*Il remet la partition au chef d'orchestre.*) Allons-y!

Il annonce :

LA FILLE DU SCÉLÉRAT, *mélo-orné de mélodies.*

Une! deux! trois! Allez, la musique!...

1er COUPLET.

Je veux sans détonner,
Chers messieurs, vous donner
Ma recette
Claire et nette...
Pour réussir,
Je vais noircir

Sur la plus simple trame
Un mélo, *même* un drame.
Oh ! oh !
Que c'est donc beau !
Eh ! eh !
C'est arrivé.

PARLÉ. Ce n'est pas plus malin que ça ! vous entrez dans un cabinet de lecture. Vous demandez l'*Almanach des 25,000*, vous fouillez dans le répertoire des professions, vous préférez tout naturellement *les savetiers ! les chiffonniers ! les balayeurs ! les cantonniers ! les revendeurs ! les joueurs d'orgue ! les montreurs de bêtes !* ou *les marchands des quatre-saisons !...* qui ne s'y trouvent pas.

Votre héros principal, qui est de ce bord-là, n'a pas le sou, mais il possède une noble figure doublée de tendres sentiments. Il ne rougit pas d'aimer l'ange *inconnue* du premier étage qui est habité par un parvenu allemand. Mais, voyez ce que c'est, le hasard fait que ce *jûne homme* mal *couvert* rapporte un *couvert* d'argent... (RITOURNELLE.) qu'était dans les ordures au bas de la porte ; ce qui entraîne le comique de la chose à dire *(pour faire rire)* : *Si on perd l'argenterie de cette façon-là, ça ne m'étonne plus si, chez votre père, l'or dure si peu !...*

La jeune fille, en toisant l'intrus, pousse des *ah !* et des oh ! (*tout bas*) et lui demande s'il veut être son petit mari et manger la *soupe* avec eux, *aux choux et au lard...* mais le père, qui est *dans la confidence et l'appartement* à côté, réplique assez haut pour être entendu de tout le monde , excepté du *jûne homme* (RITOURNELLE) : *As-tu fini, Nini ! mais je ne veux pas d'un gendre pareil! Jamais! jamais!* Situation terrible, qui me donne l'occasion de faire apparaître mon 3ᵉ rôle, qui est l'intendant de la maison (*derrière un rideau!*) et qui dit en ricanant : *Je le veux, moâ, et j'ai dans ma malle de quoi vous faire du mal, moâ!* Attendez le 5ᵉ acte. (*Baisser du rideau !*)

Et pendant que la toile baisse sur ce 1ᵉʳ acte bourré d'incidents, ce gredin-là fait signe à la franche nature de revenir au 2ᵉ acte pour le raccommoder avec la jeune fille et monsieur son père, réaliser ses infâmes projets et lui rapporter beaucoup.

2ᵉ COUPLET.

> Le public interdit
> Dit: qu'est-ce qu'il a dit?
> C'est étrange !
> Ah ! quel ange
> Que c't' enfant !
> Et l'intendant

Est traité comme infâme
Pendant qu' dure mon drame !
Oh ! oh ! etc., etc.

PARLÉ : Le second acte se passe sur le bord d'un précipice. Le banquier, qui se doute de quelque chose et qui a un billet à recevoir dans ces contrées-là, fait faire à sa fille un voyage *d'agrément*, qui est bien, comme dit le comique du 1er, qui est postillon au 2e : *un voyage de désagrément*. Le héros (qui n'avait pas le sou au 1er acte) arrive en même temps que tout le monde, il a fait 500 lieues à pied pendant le laps que les autres mettaient à faire le même *chemin*... en *chemin* de fer... (RITOURNELLE.) En fermant les yeux, c'est si bien imité, qu'on se croirait en wagon sur toute la ligne. Surnaturel ! surnaturel ! Il n'a pas pris le *train*, et au lieu de se reposer pour se mettre en *train* ou pour en faire dans le pays, il s'amuse *sans crier : gare !* à arracher au gouffre la jeune fille qui allait tomber dans le précipice, le père, qui se précipitait pour la retenir, il retient le postillon du 2e qui était domestique au 1er et qui voulait se sauver ; il dévoile l'intendant qui lui a fait *chut*, avant de savonner le gazon pour activer la *chûte* des autres ! ce qui a tout découvert. (RITOURNELLE.) L'intendant, craignant les révélations du cocodès, le pousse dans l'abîme et le rideau tombe. (*Baisser du rideau.*)

3e COUPLET.

Je ne vous peindrai pas
Le terrible embarras

> D' l'assistance
> Quand il l' lance :
> C'était osé !
> D'effroi glacé,
> Le public ému crie :
> C'est par trop d'infamie !
> Oh ! oh ! etc., etc.

PARLÉ : Nous v'là revenus à Paris (*on ne sait ni pourquoi ni comment*), mais dans un bon drame *Tirelifaut,
Tirelifaut*, un populaire tableau, et l'action se passe dans
la guinguette où le *jûne homme*, prend *d'ordinaire* le sien
d'ordinaire. On chante *la ronde* de *la gibelotte;* c'est pas
de la musique, ça se roucoule en voix de *fausset*, musique
d'un autre : Tra la la ou ou ! tra la la ou ou ! tra la la ou, la
ou, la ou ! la ou, la ou, tra la la ou ou, tra la la ou ou, tra la
la ou, la ou la la ou : En tyrolien, ça ne s'explique pas, mais
en français, ça veut dire (DÉCLAMANT) :

> Lapin ! Lapin !
> Ce vieux lapin !
> Fut jeune chat la semaine dernière.
> Cher Benjamin,
> Triste destin,
> De gros matou, tu d'viens un faux lapin !

L'ambigu manque *de gaieté*, mais il prépare l'entrée du
héros qui arrive, qui arrive sain et *sauf*, malgré celui qu'il
a fait de *saut*, suivi de la jeune fille qui pousse *des cris
d'amour et l'oubli* des convenances jusqu'à faire une dé-

claration à son préféré. (RITOURNELLE.) Le *père*, *ferré* sur son emploi de père *noble*, ne savait rien de cette démarche, il passait dans la rue *ousqu'il* avait un billet à toucher... *le lendemain!* Il a entendu la voix de sa fille, et il monte *par hasard et par la fenêtre*, faire un brin de morale à son rejeton... Arrive l'intendant, qui voyant *un père si ferme*, *ferme* le compteur au *gaz*, pour *gazer* ses noirs projets et la situation.

Enlèvement de la jeune fille par le *jûne homme*, enlèvement de la maîtresse de la guinguette par le père! hein! *quel père! quel impair! quel repaire!* on *s'y perd et s'y désespère*. (RITOURNELLE.) L'intendant sourit amèrement. C'est tout naturel, il triomphe! Il crie au rideau! et le public charmé se demande : Qu'est-ce que tout ça va devenir? Et le rideau tombe! (*Baisser du rideau.*)

4ᵉ COUPLET.

Ah! quel drame émouvant!
Est-ce assez déplaisant
    Pour la fille,
    Sa famille
Et l'jeune amant?
Malheur charmant
Pour la foul' très-émue,
Que cet acte remue.
    Oh! oh! etc., etc.

PARLÉ : Après le tableau populaire, vient l'acte *du bal.*

Nous sommes chez le banquier désolé, qui ne se doute de rien, car il donne une grande soirée, là *ousque* la maîtresse de la guinguette dit un tas de bêtises, ce qui fait que sa conduite peu *remarquable* est *remarquée*. Pour se réhabiliter et ne pas faire mentir l'affiche, elle exécute à 10 *un quart* pour la *demie* le rigaudon échevelé des délicieux écarts de la mère Psichore, une danseuse de l'antiquité — fort connue sous le règne de Louis Onze le Chevelu. (DANSE.) Ça fait si mauvais effet que le domestique du 1er qu'était postillon au 2e et qui n'avait pas paru au 3e, pour mieux servir de garçon d'office au 4e, dit : *Je vas la ficher à la porte, car v'là la scène capitale des révélations, et elle nous gênerait...* Fectivement, l'intendant, qui n'avait pas parlé jusque-là (RITOURNELLE), apprend à son maître, *que sa fille n'est pas sa fille!* que *c'est la sienne! Que le jûne homme qu'on croyait orphelin, ne l'est plus! que c'est un enfant volé au* BERCEAU *et au* BANQUIER! *Que la fille de l'intendant a pris sa place! Qu'Adolphe est son fils!* et *qu'Adèle n'est rien du tout!!!*

Finissez donc un acte mieux que ça! Je continue les révélations... L'intendant montre au banquier (*une médaille et une cicatrice*), qu'il appelle Clodomir, et ils se reconnaissent pour que ça *s'enchaîne* comme anciens compagnons de *chaîne!* Est-ce assez *fort ça?* comme drame, quoique très-*embrouillé, ça éclaire* le public ravi et le rideau tombe. (*Baisser du rideau.*)

5ᵉ COUPLET.

Quelle étude de mœurs !
Quels brigands, quels voleurs !
On déclare
Qu'on s'égare
Dans c' tourbillon.
Mettons l' bâillon
A notre sensible âme
Laissons finir le drame.
Oh ! oh ! etc., etc.

PARLÉ : Tout est bien qui finit bien, comme on dit : aussi l'acte le plus *fort est* celui *du bois* de Boulogne, autrement dit de la *rencontre.* Clodomir veut ravoir sa *cicatrice* et Adolphe réclame la *médaille* du 4ᵉ parce qu'il *la croit de sa mère !!!* et ils vont se battre en duel avec l'intendant.

Le comique du 1ᵉʳ qu'était postillon au 2ᵉ, qui n'avait pas paru au 3ᵉ pour mieux servir de garçon d'office au 4ᵉ, est garde forestier au 5ᵉ; on ne sait pas pourquoi, mais, dans les drames, on marche de surprise en surprise. Or, il arrive avec Adèle, à 6 heures 20 minutes du matin, et comme il ne voit personne : *Un duel ! qu'il dit, dit-il. Je la cognois ! on va déjeuner, attendons !* (RITOURNELLE.) L'intendant ne se fait pas attendre, il arrive en *fiacre,* et voyez comme *ça peint* ses mauvais instincts et la musique aussi! (RITOUR-NELLE.) Surtout la musique. On croirait entendre passer trois omnibus de front.

Le gredin a fait arrêter en route pour dévaliser une boutique d'horloger qui dormait et il l'a laissé *sans mouvement;* il a tué un garçon de bains qui ne lui faisait rien, et qu'il a cru envoyé pour *l'épier*... Quel beau 3ᵉ rôle! Pour effrayer Clodomir, il raconte ses nouveaux méfaits et les anciens par-dessus le marché.

Le garde champêtre qui était derrière un gros *chêne* pour les besoins de la cause, étant *si près,* ne *peut plier,* il trouve que *ça est* dénué de *charmes,* et comme ça n'a pas raison d'*être,* il le charge de *chaînes.* (RITOURNELLE.) Symphonie dédiée aux tricornes et aux bottes... La maréchaussée qui arrive.

Clodomir, qui n'a plus raison d'être désolé, marie Adolphe à Adèle, et ce drame nous donne *les preuves* qu'a-près *l'épreuve* qu'il vient de subir, il sera honnête homme et bientôt grand papa! Le public est empoigné et le gredin aussi et le rideau tombe. (RITOURNELLE.) Les tricornes et les bottes des gendarmes s'éloignent.... (TABLEAU!) Le v'là, ce drame, il n'est pas si mauvais qu'on veut bien le dire; avec quelques célébrités en représentation, des décors nouveaux, il suffira de mélanger ce triste-là avec *du gai,* pour obtenir

un succès que l'on intitulera : *la Fille du Chiffon niée!
Intrigue et Amour! Mort! et Remords! La petite Paul
Hogne! Merci! Mon Dieu! Trop tard! Colonel! A che-
val! Messieurs! C'était un rêve! ou comme il vous plaira!*
charpentée ainsi, une pièce ira à *cent sans* se gêner!...

Et je n'aurais pas l'honneur d'être joué! cet honneur je
demande qu'on me *l'accorde*, ou je ne livre pas mes *fi-
celles!*

Forcez donc la main aux directeurs en répétant en chœur
avec moi :

> Bravo! bravo!
> Dieu! que c'est beau!
> Eh! eh!
> Bien envoyé!

Paris. — Typ. Morris et Comp., rue Amelot, 64.